Jeux dangereux

Collection
« Alex Leroc, journaliste »

Auteur
Christian Lause

Édition
Agustín Garmendia et Eulàlia Mata

Conception graphique et couverture
Cay Bertholdt

Illustrations
Javier Andrada

Enregistrements
Voix : Christian Renaud
Coordination des enregistrements : Mireille Bloyet
Studio d'enregistrement : CYO Studios

Remerciements
À Carine Bossuyt pour son aide et ses conseils.

ISBN (édition internationale) : 978-84-8443-397-2
ISBN (édition italienne) : 978-88-6964-272-2
Dépôt légal : B-2240-2013
Réimpression : septembre 2013

Imprimé dans l'UE

ÉDITIONS maison des langues

www.emdl.fr

Jeux dangereux

Christian
Lause

collection
Alex Leroc, journaliste

Alex Leroc est journaliste, il travaille pour *L'Avis*, un magazine belge. Le magazine s'intéresse principalement aux gens célèbres. Il enquête aussi sur les scandales qui choquent la société. Alex est français mais vit à Bruxelles, où se trouvent les bureaux du magazine. Il se déplace très souvent en France.

Dans cette histoire, vous allez rencontrer :

Alex Leroc. Un journaliste qui vit uniquement pour son travail. Il a une conviction et il la répète tout le temps : « Le monde est intéressant quand on lui pose des questions. » Il est toujours en retard, il est toujours stressé.

Jacky. Photographe de presse et collègue d'Alex. Pour être en pleine forme physiquement, il passe beaucoup de temps dans une salle de gym. Il manque de confiance en lui et il tombe amoureux de toutes les femmes qu'il rencontre. Enfin, il est souvent jaloux d'Alex.

Nina. L'autre collègue d'Alex, jeune femme intelligente, experte en art. Elle pratique le *kick boxing* mais elle compte surtout sur son intuition pour résoudre les affaires délicates.

Pierre Dulac. Le patron de *L'Avis*. Il est un peu autoritaire et très impatient.

Pol Klein. Un officier de police pas comme les autres, ses méthodes ne sont pas toujours conventionnelles mais ses informations sont précieuses.

Dan Desrolles. Professionnel des sports extrêmes. Il est capable de prendre des risques énormes pour battre des records, pour accumuler des performances.

1

Bruxelles, lundi 1er avril

Aujourd'hui, il ne pleut pas, c'est exceptionnel ! Mais le ciel est gris, il fait froid et il y a du vent. J'entre dans les bureaux du magazine *L'Avis* et je rencontre Nina, ma collègue journaliste, qui arrive en même temps que moi.

— Ça va, Alex ?

— Bof[1], j'ai envie de partir, j'ai besoin de vacances.

— Ah oui, et où veux-tu aller ?

— Je pense à Collioure, par exemple, dans le sud de la France, au bord de la Méditerranée : une petite ville, très jolie, avec ses vieux murs, ses petites rues... Je ne suis pas exigeant : je veux seulement le soleil et la mer...

— Moi, je veux aller en Laponie !

— Quoi ?

— Oui, j'ai vu une publicité pour des vacances dans le Grand Nord. C'est[2] vraiment pas cher !

— T'es folle[3], il fait encore plus froid qu'ici.

— C'est vrai, mais il y a une lumière extraordinaire. Imagine les promenades en traîneaux, tirés par des chiens. La neige, le silence, l'espace... Et le soir, dans un petit chalet, se retrouver dans un sauna, loin du bruit, loin de la pollution. Mmmh : le paradis !

— Ça, c'est pas[4] pour moi, je préfère manger des crustacées et écouter la mer. Imagine, en cette saison, dans le sud de la

1 Interjection pour exprimer la fatigue, le doute, ou le désintérêt.

2 En français oral souvent on ne prononce pas le **ne** de la forme négative.

3 Familier : tu es folle.

4 Voir note 2.

France, on peut sortir en t-shirt et boire un verre de vin assis à une terrasse.

Dulac, le directeur du magazine, arrive très énervé ; Jacky est avec lui :

— De l'action, Alex, finies les vacances ! Vous[5] partez immédiatement avec Jacky à l'hôtel Hilton. Nous avons une occasion unique de faire une série de reportages sur Dan Desrolles. Si vous faites de bonnes photos, *L'Avis* peut obtenir l'exclusivité de sa visite en France et en Belgique.

— Dan Desrolles, c'est qui ?

— C'est pas vrai[6] ? Vous ne le connaissez pas ? C'est un sportif « extrême », un acrobate, qui prend des risques énormes pour réaliser des performances, pour battre des records. Mais, partez maintenant, Jacky vous expliquera les détails en voiture. Vous avez juste le temps d'arriver au Hilton. Attention, Desrolles est très attentif à son image. Transformez-le en héros : il adore ça.

Nous montons dans la voiture de Jacky, sa vieille Renault 5, une vraie antiquité.

— Tu sais Jacky, quand je monte dans ta voiture, j'ai aussi l'impression de prendre des risques extrêmes.

— Très amusant ! Tu es très drôle, Alex !

— C'est une blague, elle est super, ta voiture. Allez, te fâche pas, parle-moi plutôt de ce Dan Desrolles.

— C'est un type[7] qui aime les risques et qui en prend pour qu'on parle de lui. En général, il convoque la presse à la

5 Les Français utilisent le **vous** de politesse, même s'ils se connaissent ou travaillent ensemble. Le « tu » marque vraiment une proximité.

6 Voir note 2.

7 Familier : homme.

dernière seconde, pour éviter toute action préventive de la police ou des autorités.

— Qu'est-ce qu'il veut faire au Hilton ?

— Il a l'intention de l'escalader, de grimper sur la façade, sans corde.

— Dis-moi, Jacky, tu es sûr que c'est pas un poisson d'avril[8] ?

— On n'est jamais sûr de rien, un premier avril, mais tu sais comme moi que Dulac n'a pas le sens de l'humour.

— Exact ! Bon, qu'est-ce qu'on va faire ? On va rester en bas ? Comme les autres journalistes ?

— Je ne sais pas, on va voir.

— J'ai peut-être un contact utile, au Hilton...

— Ah oui ?

— Peut-être...

2

Nous garons la voiture tout près du Hilton, avenue de la Toison d'Or[9].

— On peut pas[10] se garer ici, Jacky, c'est interdit !

— Et alors, avec notre carte de presse visible tu sais qu'on ne risque pas d'amende. T'inquiète pas, Alex.

— Vite, il ne faut pas manquer la tentative de Desrolles !

Quand nous arrivons, Dan Desrolles a déjà commencé à escalader l'immeuble, il est au niveau du cinquième étage et il monte avec une apparente facilité. Il y a plusieurs voitures de police et

8 Le 1er avril c'est un jour où les gens se font des blagues, une des blagues classiques est d'accrocher un poisson en papier sur les vêtements des autres. C'est un jour où à la radio, à la télé, les présentateurs inventent des informations absurdes.

9 Avenue commerçante de Bruxelles.

10 Voir note 2.

plusieurs ambulances. De nombreux curieux ainsi que d'autres journalistes commencent à se rassembler au pied de l'hôtel. Nous entrons et nous allons parler aux réceptionnistes.

— Bonjour, nous voudrions parler à Catherine Pujol.

— Oui, c'est moi.

— Je suis un ami de votre frère[11], qui habite à Perpignan. (Je mens un petit peu, j'ai rencontré son frère mais je ne suis pas vraiment son ami.)

— Enchantée, mais je vous prie de m'excuser, nous avons un acrobate fou qui escalade notre façade. Est-ce que vous pouvez revenir un peu plus tard ?

— Écoutez, c'est justement pour ça que nous venons ici : nous voulons prendre des photos de cet homme, est-ce que nous pouvons entrer dans une chambre pour le photographier pendant son ascension ?

— Je ne peux pas vous laisser monter, si vous n'êtes pas clients, c'est impossible !

— Écoutez, vous pouvez nous faire confiance, ça ne durera pas longtemps.

— Je regrette, je ne peux vraiment pas. Dans mon métier, j'ai appris à ne pas faire confiance aux journalistes. Je suis désolée.

— Mais nous ne sommes pas des journalistes comme les autres : vous devez nous aider !

— Mhhm, il y a peut-être un moyen : vous me payez une chambre, vous montez, vous prenez les photos que vous voulez, et puis vous descendez et vous annulez ensuite l'opération, le plus vite possible. Et ceci doit rester un secret entre nous, bien sûr.

— Vous êtes formidable, Catherine, dit Jacky.

11 Voir *L'Ange gardien*, une autre histoire d'Alex Leroc.

La jeune responsable de la réception rougit, elle n'a pas l'habitude qu'un client ou un visiteur l'appelle par son prénom. Mais Jacky ne peut s'empêcher de draguer[12]. Nous prenons une chambre que nous payons avec ma carte bleue[13]. Heureusement que je vais annuler la transaction juste après parce que mon compte en banque fait une chute dans la zone rouge.

En bas de l'hôtel, les pompiers sont arrivés aussi, mais trop tard pour attraper Dan Desrolles, il est déjà trop haut. Nous montons rapidement au vingtième étage en ascenseur. Cette chambre, c'est juste ce qu'il nous faut : Jacky peut prendre une série de photos spectaculaires. Dan Desrolles est très habile, très souple mais il prend des risques énormes parce qu'il fait froid et qu'il y a beaucoup de vent. Je ne voudrais pas être à sa place. Il doit s'accrocher à de minuscules surfaces. À la moitié de son ascension, son pied perd le contact avec la fine barre métallique sur laquelle il s'appuie. On entend un cri dans le public, certains spectateurs tournent la tête pour ne pas voir la chute, mais heureusement, il retrouve sa position antérieure, fait une petite pause et continue son ascension.

En dix minutes, notre série de photos est terminée. Nous descendons alors pour demander le remboursement de la chambre et nous attendons Desrolles au pied de l'hôtel, comme tout le monde. Une demi-heure plus tard, Dan descend, il est poliment arrêté par les gendarmes[14].

12 Tenter de séduire, flirter.

13 C'est une carte de crédit, la carte Visa, la plus employée en France.

14 Ils maintiennent l'ordre. Ils ont une organisation plus militaire que les policiers.

3

— Qu'est-ce qu'il risque, t'as une idée, Jacky ?

— Ils ne vont pas le mettre en prison, il risque seulement une amende, il le sait, il a l'habitude.

— Pourquoi est-ce que les médias s'intéressent tellement à ce Dan Desrolles ?

— Parce qu'il est capable de réaliser des exploits dans des domaines très différents. D'habitude, chacun se spécialise, il y a des gens qui escaladent des gratte-ciels, des gens qui sautent du haut de montagnes, des gens qui traversent des océans à la nage, mais Dan, lui, il peut tout faire : du parapente, du vol en chute libre, du base jump, du saut à ski et ce sont seulement quelques exemples.

— Et toi, tu t'intéresses vraiment à ce genre de performances ?

— Comme beaucoup de gens.

— Dan Desrolles... Il est américain ?

— Canadien, du Québec ; il est jeune, il a vingt-cinq ans. Depuis quelques années, il accumule les exploits sportifs : une fois, il a sauté d'un avion sans parachute, et il a attendu qu'un autre parachutiste lui apporte un parachute. Celui-ci s'est ouvert à quatre cents mètres d'altitude. Juste à temps, parce que plus bas, le parachute n'a pas le temps de s'ouvrir. Quoi d'autre ? Attends, ah oui, il a aussi sauté d'un pont dans une rivière avec son VTT[15], d'une hauteur de vingt mètres. Pas mal, non ?

— C'est un fou !

— Peut-être, mais il offre des sensations fortes au public et le public aime ça.

15 Vélo tout-terrain.

4

Mercredi 10 avril

Réunion au bureau de *L'Avis*. Dulac a l'air en pleine forme.

— Mélanie, voulez-vous, s'il vous plaît, commander cinq pizzas à Pizzi-Cathy. Nina, Jacky, Alex, qu'est-ce que vous aimez, comme pizzas ? Apportez-nous aussi du café, Mélanie, d'accord ? Vous prenez du sucre ? Du lait ?

Qu'est-ce qui se passe ? Pourquoi est-ce que le chef est si gentil tout à coup ?

— Vos photos sont fan-tas-tiques, continue Dulac. J'ai parlé à Dan Desrolles, il les trouve tellement bonnes qu'il nous propose l'exclusivité de ses exploits ce mois-ci.

— Ce mois-ci ? Pourquoi seulement en avril ?

— Dan Desrolles veut réussir une série d'exploits pendant une courte période. C'est un défi. Il veut qu'une équipe de journalistes l'accompagne et il choisit *L'Avis*, grâce à nos deux cent mille lecteurs et surtout grâce à la qualité de vos photos. Félicitations !

Je ne sais pas si je suis content de ce compliment, je ne suis pas spécialement enthousiaste à l'idée d'accompagner ce provocateur dans toutes ses tentatives extrêmes. Je n'aime pas trop ces gens qui sont prêts à tout pour qu'on parle d'eux.

— Nina, Jacky et vous, Alex, je vous charge de ces reportages. C'est une priorité absolue pour le magazine. Voilà comment ça va se passer, continue Dulac : Desrolles veut surprendre, il veut réaliser des exploits en garantissant la surprise. Vous devez être prêts à partir immédiatement si nécessaire.

— Et comment est-ce que nous saurons où il est ?

— Nous serons les premiers informés, il va d'abord nous envoyer un courriel[16] expliquant son projet ; ensuite, il convoquera les autres journaux et magazines, mais le plus tard possible pour ne pas laisser le temps aux autorités de faire obstacle à ses performances. Ça signifie que vous devez garder le secret. Il insiste.

— C'est curieux, cette attitude; pour moi, les sports extrêmes c'est pour les gens qui veulent être seuls, loin de la civilisation, loin du bruit.

— Tu as raison, Alex, dit Jacky, c'était comme ça avant, ces acrobates étaient des solitaires. Mais il y a une nouvelle tendance depuis plusieurs années, des gens qui ne recherchent pas la beauté du geste mais un exploit, un événement. C'est une nouvelle culture, la culture de la sensation. Ils veulent exister pour le public.

— Qui sait ? Peut-être qu'ils veulent mourir jeunes ? intervient Nina.

— Et toi, Nina, tu es sûre que le *kick boxing*[17] est un sport sans risques pour ta santé ?

Nina ne me répond pas. Je déteste le *kick boxing* et je lui répète que c'est dangereux. Mais elle ne me croit pas.

5

Dimanche 14 avril

Hier nous avons reçu le premier courriel de Desrolles :

[16] Courrier électronique.

[17] Sport de combat qui utilise diverses méthodes issues de la boxe française, de la boxe thaïlandaise et du kyokushinkai.

> Demain, le 14 avril, je vais battre le record de vitesse de trottinette sur neige. Je veux dépasser le record qui est de 145 km/h. Rendez-vous à Val d'Isère. Je vous attends à l'hôtel Edelweiss.

Eh oui, pour nous, le week-end est une invention qui n'existe pas. Nous sommes partis le plus vite possible mais comme Jacky a une otite et qu'il ne supporte pas les avions quand il a mal aux oreilles, nous avons fait le voyage en train de nuit. À neuf heures du matin, nous arrivons à Bourg Saint-Maurice[18].

— Nina, t'as bien dormi, toi ?

— Bof ! Je n'ai presque pas dormi à cause de ces supporters de football qui sont montés à Paris, ils ont fait du bruit et ils ont chanté et crié toute la nuit. Et toi, Alex ?

— Un désastre ! Prendre le même train que les fanatiques du PSG[19], c'est vraiment pas de chance. Le seul qui a bien dormi c'est Jacky, grâce aux médicaments anti-douleurs qu'il prend pour son otite.

— Oh, ça va, hein ! Vous croyez que ça me plaît d'avoir mal aux oreilles ?

— Moi, je suis certaine que tu as peur des avions et que tu utilises ton otite chronique comme prétexte.

— Moi, peur des avions ? Pas du tout ! C'est idiot, ce que tu dis, Nina.

— Oh là là, quelle humeur ce matin ! Bon, on se calme... Je vous propose un café et un croissant au café de la gare ?

— Tu n'as rien d'autre à proposer, Alex ? Moi, les cafés de la gare, je supporte pas.

— Moi, je m'adapte. En plus, j'adore ce temps froid, ça me réveille. Cette neige me donne de l'énergie, conclut Nina.

18 Station de sports d'hiver dans les Alpes.

19 Le Paris Saint-Germain, principal club de football parisien.

6

À l'hôtel Edelweiss

Nous sortons du taxi qui nous a amenés à Val d'Isère et nous entrons dans l'hôtel.

— Bonjour, nous avons rendez-vous avec Dan Desrolles, vous pouvez l'appeler, s'il vous plaît ?

— Attendez, je regarde sur mes listes... Désolé monsieur, pour le moment je ne vois personne qui porte ce nom-là.

— Ce n'est pas possible, regardez, vérifiez, s'il vous plaît : nous venons de Bruxelles pour le rencontrer !

— Est-ce que je peux savoir qui vous êtes ?

— Nous sommes trois journalistes de *L'Avis*.

— Ah, alors j'ai un message pour vous. Un client m'a annoncé votre visite mais il ne s'appelle pas Dan Desrolles.

À ce moment, Dan arrive dans le hall et vient vers nous.

— Vous nous avez fait peur, monsieur Desrolles ! On a pensé que ce n'était pas votre hôtel.

Il nous attire un peu plus loin et nous parle de manière confidentielle :

— Pardonnez-moi, je n'ai pas donné ma véritable identité.

— Pourquoi ?

— J'ai des ennemis, je dois être prudent.

— Des ennemis ? Pourquoi ? demande Nina.

— C'est mon affaire, je ne peux rien dire maintenant. J'ai appris à ne rien dire aux journalistes. Accompagnez-moi, nous laisserons la voiture au Laisinant et je prendrai le télésiège avec un de vous jusqu'à Solaise, à 3.000 mètres. C'est là que je commencerai ma descente en trottinette. Nous avons réservé une piste qui n'est pas utilisée par les skieurs. Tout est déjà prêt. J'ai un ami qui attend là-haut, et qui m'aide pour toutes les questions techniques.

7

Je commence tout de suite à l'interviewer.

— Monsieur Desrolles, vous allez tenter de battre un record de vitesse, d'accord, mais en trottinette... La trottinette, ce n'est pas pour les enfants ?

— Appelez-moi Dan, je préfère. La trottinette que je vais utiliser est construite avec des matériaux ultra-légers, de plus, il faut un sens de l'équilibre très développé pour descendre une pente à 145 km/h sur une trottinette. Non, ce n'est pas pour les enfants.

— Pourquoi est-ce que vous avez choisi Val d'Isère pour votre tentative de record ? Parce que c'est un lieu mythique pour le sport en général: le tour de France, les jeux olympiques d'hiver... ?

— Non, c'est simplement parce que le lieu me plaît. Pour répondre complètement à votre question, le sport ne m'intéresse pas : dans le sport, on est dirigé, il y a des règles. Moi, ce que j'aime, c'est le plaisir.

— Le danger, c'est un plaisir ?

— Oui. Plus le risque est grand, plus il y a d'adrénaline et j'adore ça.

— Est-ce que vous trouvez que notre société est trop « confortable » ?

— Oui, trop de sécurité et trop de confort, ce n'est pas pour moi. J'ai besoin de prendre des risques, de mettre ma vie en jeu.

8

Le Laisinant, près de Val d'Isère

Dan Desrolles nous quitte pour monter à Solaise, le lieu de départ, à plus de mille mètres au-dessus de Val d'Isère. On reste en contact permanent, grâce à nos téléphones portables. Jacky est avec lui, là-haut, pour photographier le départ.

Nina est en bas, avec moi, elle sélectionne les meilleurs angles pour prendre les photos à l'arrivée. Tout à coup, elle me fait signe :

— Alex, regarde là-bas, à environ cent mètres, tu vois ces deux silhouettes, c'est bizarre, non, ces deux types dans le bois ? J'ai l'impression qu'ils nous observent. Ils sont arrivés en même temps que nous.

— Ce sont probablement des vacanciers.

— Ou d'autres journalistes ?

Desrolles nous informe qu'il est prêt à se lancer ; nous fixons toute notre attention sur la piste.

— Au moment où les voitures de la presse arrivent, je me lance. Je ne veux surtout pas que quelqu'un m'empêche de descendre, dit-il.

Les voitures arrivent, les photographes ont juste le temps de sortir leurs appareils photos et Dan Desrolles se lance sur la piste. Quelques secondes plus tard, on le voit passer à toute vitesse. Nina et Jacky sont parfaitement placés pour photographier l'exploit.

C'est gagné pour Dan : il a battu le record : 150 km/h. C'est gagné pour nous également : ces photos-là, combinées aux photos prises à l'hôtel et à l'interview, tout ça va faire un super reportage !

9

Lundi 15 avril

Nous sommes à Bruxelles mais nous ne pouvons pas vraiment travailler sur un autre reportage. C'est la condition que Dan Desrolles nous impose, nous sommes obligés de rester disponibles et faciles à contacter tous les jours, à tout moment. Ce type commence à m'énerver !

— Calme-toi, Alex. Tu veux aller boire un verre ? demande Nina.

— Bonne idée ! On va au Falstaff ? J'adore ces vieilles brasseries bruxelloises[20].

— C'est bien pour ceux qui aiment la bière, mais moi, comme je déteste ça...

— Tu peux boire autre chose, si tu veux. Et on y mange très bien. C'est délicieux, il y a des spécialités belges !

— D'accord, décidément, tu es plus belge que moi : tu aimes la bière, les moules[21], les frites.

On s'installe à une table, près de la fenêtre. Il y a une ambiance très agréable dans ces vieux cafés bruxellois. Pour moi, le plus difficile, c'est de choisir une bière, il y en a vraiment beaucoup[22].

— Ça te plaît, à toi, ce genre de reportages, Nina ?

— Ben[23] oui, c'est amusant d'accompagner un acrobate.

20 **Le Falstaff** est un café Art Nouveau situé au centre de Bruxelles, pas loin de la Grand-Place.

21 Spécialité culinaire belge ; les Belges ont la particularité de manger les moules avec des pommes de terre frites.

22 Certains cafés spécialisés proposent des centaines de bières, de toutes les saveurs et de toutes les couleurs.

23 Familier : eh bien.

— Moi, ça ne me plaît pas. On dépend des caprices de Dan Desrolles. Il peut nous appeler de partout en France et nous devons y aller immédiatement. Je trouve qu'il exagère.

— N'oublie pas qu'il doit garantir l'effet de surprise, pour être sûr de réaliser un exploit sans être arrêté.

— Nina, est-ce que je peux te demander de faire des recherches sur ce type et de rassembler un maximum d'informations sur lui ? Je chercherai de mon côté, moi aussi.

— D'accord, si tu penses que c'est nécessaire.

— Va voir sur Internet, dans nos archives, partout !

Pendant que nous parlons, je me sens observé. Un homme est assis à une table voisine, et il me semble qu'il nous regarde, qu'il nous écoute.

— Dis-moi, Nina, je sais très bien que tu n'es pas mariée mais est-ce que tu as un petit ami[24] jaloux ?

— Non, pourquoi ?

— Ne regarde pas tout de suite, il y a un type à ta gauche, j'ai l'impression qu'il nous observe.

— Peut-être qu'il s'intéresse à moi, et que toi tu es jaloux ?

— Qu'est-ce que tu t'imagines ?

— C'est une blague, je ne suis pas sérieuse, tu le sais bien !

Nous terminons notre repas dans la bonne humeur mais je continue à me sentir observé. Et quand nous sortons, le type sort aussi. Ce n'est pas normal.

— Nina, le type est sorti en même temps que nous.

— Et alors ?

24 Le compagnon sentimental est le petit ami/la petite amie, ou le copain/la copine. Les mots fiancé et fiancée supposent un engagement formel de mariage.

— Eh bien, on va voir s'il décide de te suivre ou de me suivre. On se sépare et on se téléphone tout à l'heure.

— Tu es fou, Alex !

Je rentre tranquillement chez moi, sans être suivi. Je téléphone à Nina un quart d'heure après : elle non plus n'a pas été suivie. Elle a raison, je suis peut-être fou...

10

Bruxelles, mardi 16 avril

La machine à café du bureau est en panne. Je ne sais pas pourquoi un magazine comme *L'Avis*, avec 200 000 lecteurs, ne remplace pas cette machine à café qui ne marche jamais. Enfin, ça m'oblige à aller prendre un café au bar l'Escale, et ça me permet de parler avec l'inspecteur Pol Klein. Pol Klein, c'est un flic[25] exceptionnel, c'est un fidèle client de l'Escale, c'est là qu' il rencontre ses indicateurs[26].

— Salut, Pol, ça va ?

— Ça va ! J'attends mes partenaires de poker.

— Comment peut-on aimer le poker ?

— Pourquoi tu me demandes ça ?

— Parce que, pour moi, jouer au poker, c'est tellement stressant !

— On apprend à se contrôler.

— Alors c'est ennuyeux !

25 Familier : un policier.

26 Personnes qui donnent des informations à la police, volontairement ou par obligation.

— Je ne suis pas d'accord. Il faut s'intéresser aux pensées les plus secrètes des autres joueurs, il faut aussi aimer prendre des risques. C'est passionnant !

— C'est justement de risques que je veux te parler. Je fais une série de reportages sur quelqu'un qui les accumule, un acrobate fou.

— Ah bon ? Il s'appelle comment ?

— Dan Desrolles, il risque sa vie pour battre des records. C'est un Québécois qui fait une tournée en France et en Belgique et *L'Avis* a l'exclusivité des reportages. Mais il y a un problème. J'ai la sensation que quelque chose ne va pas.

— Explique-moi.

— Je n'aime pas sa manière de faire, il est très secret, il nous convoque seulement quelques heures avant ses exploits, et les autres journalistes, il les informe au dernier moment. Il a peur de quelque chose.

— Bon, c'est un excentrique. De toutes façons, il faut vraiment être fou pour risquer sa vie comme ça.

— Il y a autre chose, j'ai la sensation d'être suivi.

— Si tu veux, je m'informerai sur ton acrobate, je contacterai mes collègues québécois. Mais peut-être que tu es seulement suivi par des journalistes jaloux de l'exclusivité de *L'Avis*.

11

Mercredi 17 avril

Nous sommes tous les trois dans les bureaux de *L'Avis* quand nous recevons le deuxième courriel.

Je marcherai sur un rail placé entre deux montgolfières[27] à une hauteur de 5 000 mètres et sur une distance de 6 mètres. Je ferai ma tentative cet après-midi, à 17 heures, au-dessus de la plaine de la Beauce, à 100 km au sud de Paris. Rendez-vous à Berchères-les-Pierres[28].

— De Bruxelles, ça fait plus ou moins 400 kilomètres. Il est 10 heures du matin. Il vaut mieux partir tout de suite.

— Qu'est-ce qu'on fait ? On y va en voiture ou en TGV[29] ?

— On prend ma voiture, dit Jacky, si vous n'avez pas peur de la vitesse. À 120 km /h, les vibrations sont terribles.

Je ne dis rien. Je sais qu'il n'apprécie pas mes blagues concernant sa voiture. C'est Jacky qui conduit.

— Alex, j'ai découvert certaines choses importantes sur ce Dan Desrolles, dit Nina.

— Tu vois ! J'en étais sûr. Explique-nous c'que t'as trouvé.

— Voilà, il maîtrise de nombreuses techniques d'acrobaties. Il a fait beaucoup de doublages au cinéma.

— Bon, jusqu'ici, rien d'exceptionnel.

— Attends, j'ai cherché longtemps, j'ai navigué pendant des heures sur Internet et j'ai finalement découvert un site web étonnant : « ADN, les maîtres de l'adrénaline ». Les créateurs de ce site ont organisé une sorte de cercle privé en ligne. J'ai pu entrer : c'est une sorte de forum qui réunit des gens pour parier de l'argent sur le succès ou l'échec de performances dangereuses.

— Tu veux dire qu'ils parient de l'argent sur des acrobaties comme d'autres gens parient sur des résultats de matchs de football ou de courses de chevaux ?

27 Ballon rempli d'air chaud qui porte le nom de ses inventeurs, les frères Montgolfier.

28 Petit village près de Chartres.

29 Train à Grande Vitesse.

— Oui, mais dans ce cas-là, ils jouent avec la vie d'un homme.

— Qu'est-ce que tu dis ? Comment ça fonctionne ?

— Eh bien, c'est un peu comme pour certains programmes de la télé-réalité, les *reality-shows*. C'est le public qui décide, qui choisit les épreuves que le champion devra affronter.

— C'est terrible, ça me fait penser aux gladiateurs.

— Oui, moi aussi.

— Et le public, c'est qui ?

— C'est des internautes qui recherchent des sensations fortes et qui ont de l'argent.

— Et où est le risque, demande Jacky ? Parce que Desrolles est un professionnel, il sait ce qu'il fait.

— Même pour un acrobate professionnel, continue Nina, il est difficile de dominer toutes les techniques. Par exemple, pour ne pas risquer d'accident en faisant du *base jump*[30] il faut beaucoup de pratique.

— Ah oui ?

— Le *base jump* est dix fois plus dangereux que le parachutisme.

— Il y a beaucoup d'accidents ?

— Oui, il y a tellement d'accidents qu'aux États-Unis, il est presque interdit de le pratiquer.

— Je suppose que pour Desrolles, le danger c'est qu'il accumule des performances dans des disciplines très différentes, sans véritable préparation.

— Et nous alors, nous sommes manipulés ? Quel est notre rôle, à ton avis, Nina ?

— Nous sommes probablement une présence neutre et officielle pour garantir la validité de la performance.

— Et pour prendre des photos sensationnelles en cas de drame, conclut Jacky.

30 Ceux qui pratiquent le *base jump* sautent du haut de montagnes, de falaises, de ponts, avec un parachute spécial.

12

Pour l'instant, nous continuons. Nous n'avons pas suffisamment d'informations pour modifier éventuellement notre collaboration avec Dan Desrolles. Nous prenons d'abord l'autoroute vers Paris puis nous prenons la direction de Chartres. Nina et Jacky continuent à parler, moi, je reste silencieux. J'observe qu'un 4x4 roule derrière nous et ne nous dépasse pas. Pourtant c'est une voiture puissante et ce n'est pas normal qu'elle roule à 115 km/h. Au bout d'une demi-heure, je décide de communiquer mon inquiétude à mes amis.

— Vous allez dire que je suis paranoïaque mais il y a un 4X4 qui roule derrière nous depuis qu'on est passé à côté de l'aéroport de Roissy[31].

Mes amis se taisent et leur silence est total pendant plusieurs minutes, jusqu'à ce que la Jeep nous dépasse, et s'éloigne rapidement.

— Ah, tu vois, tu t'inquiètes toujours trop vite, dit-elle.
— Tu as raison, Nina, fausse alerte !

Nous passons à côté de Chartres[32]. La cathédrale se voit de loin sur cette grande plaine de la Beauce. Nous arrivons au lieu de rendez-vous, à Berchères-les-Pierres. Desrolles et trois équipiers sont en train de gonfler trois montgolfières avec de l'air chaud.

— Salut les paparazzi, j'espère que vous n'avez pas le vertige ! nous dit Desrolles.
— Nous ne sommes pas des paparazzi ! je réponds fâché.

31 Un des aéroports importants de Paris, avec Orly et le Bourget.

32 Petite ville célèbre pour sa magnifique cathédrale gothique.

— Quoi ? dit Nina, vous allez nous faire monter dans ces ballons ?

— Eh oui ! C'est la première fois que tu montes dans une montgolfière ?

— En effet !

— Eh bien, moi aussi ! répond Desrolles

— Décidément, vous êtes complètement fou !

— Ecoutez, tous les trois, je préfère qu'on se tutoie, appelez-moi Dan, je vous l'ai déjà dit. Vous, les Européens, vous aimez tellement les manières[33] !

— Bon, c'est comme tu veux, Dan ! dit Jacky

— Alors, voilà comment ça va se passer : les autres journalistes et les curieux commenceront à arriver dans une demi-heure. Nina, Jacky et Alex, vous irez avec un de mes assistants dans le ballon rouge et jaune. Moi, je monterai dans la montgolfière arc-en-ciel avec un autre assistant, mon troisième assistant ira seul dans le dernier ballon. Nous monterons à 5.000 mètres et nous placerons un rail entre nos deux ballons. Et vous, les journalistes, dans le ballon rouge et jaune, vous resterez un peu à distance pour faire le reportage photo. Moi, je marcherai sur le rail d'un ballon à l'autre, sur les six mètres qui les séparent. Pas mal, non ?

— Tu es vraiment complètement fou ! dit Nina.

— Et... tu n'auras pas de parachute, j'imagine ? demande Jacky.

— Affirmatif !

13

Pendant que nous montons dans le ciel, je pose des questions à l'assistant de Desrolles :

[33] Pour les Canadiens, les Français peuvent paraître un peu froids, un peu distants.

— Vous connaissez bien Dan ?
— Oui.
— Qu'est-ce qui le motive ? Les sensations fortes ?
— Oui.
— Il vous dit de ne pas parler à la presse, et même pas à nous, évidemment.
— Évidemment.
— Bon, bon, je n'insiste pas.

Les trois ballons montent ensemble à 5.000 mètres. Dan et ses assistants placent le rail en fer entre leurs deux montgolfières et le fixent solidement. Dan quitte son ballon, et commence à marcher sur le rail. Jacky prend un maximum de photos.

— Ce type est malade, me dit Nina à l'oreille! Comment peut-il trouver du plaisir à risquer sa vie de cette façon ?
— Je ne sais pas ce qui lui donne le plus de plaisir : risquer sa vie ou être photographié comme une star ?
— Moi, il m'impressionne, ajoute Jacky.
— Regardez, il lui reste à peine un mètre cinquante. Il est presque arrivé.
— Vas-y, Jacky, prends plein de photos. Ce sera super avec les couleurs des montgolfières et le ciel tout bleu derrière Dan.
— Aaah ! il va tomber, crie Nina.

Il perd l'équilibre mais arrive à s'accrocher à l'autre ballon en tendant les bras. Une question de centimètres !

— Ouf[34] ! soupire Jacky.

34 Exprime la satisfaction après un effort ou l'heureuse conclusion après une angoisse.

Une fois de plus, Desrolles réussit sa performance. Il ne semble pas du tout affecté par l'incident. Moi, par contre, après une telle panique, je me fâche et je le traite de fou irresponsable. Ça le fait rire.

14

Bruxelles, lundi 22 avril

À l'Escale, avec Pol Klein.

— Ça va Alex ? me demande Pol Klein.

— Ça va, ça va... La tournée de Dan Desrolles est presque terminée. Heureusement, parce que j'en ai marre[35] ! Cette série de reportages ne me plaît pas du tout. Je ne suis pas tranquille, je continue à croire que quelqu'un me suit. Nina et Jacky ne veulent pas me croire mais moi, j'en suis sûr. Et tu me connais, ce n'est pas dans mon caractère d'être inquiet.

— Ça, j'en suis pas sûr. Mais de toutes façons, il faut vérifier. Si tu veux, je vais t'aider.

— Comment ?

— Si quelqu'un te suit, je peux essayer de l'identifier.

— Ah oui ?

— Je peux le faire suivre moi aussi. C'est ça mon travail, après tout !

— Magnifique, merci beaucoup, Pol.

— Autre chose, j'ai peut-être une piste sur les ennemis de Desrolles, mais c'est trop tôt pour t'en parler. Je continue à recevoir des informations grâce à un collègue québécois.

— Génial !

35 Familier : je ne veux plus, je suis fatigué, je ne supporte plus.

— Tu sais ce qu'il m'a dit, le collègue québécois ? Que mon accent belge était drôle.

— Mais tu n'as pas un accent très marqué, pour un Belge[36] !

— Pour eux, toi aussi, Alex, tu as un accent très marqué : tout est une question de point de vue.

— Tu as raison.

— Bon, alors, si tu crois que quelqu'un te suit, appelle-moi.

15

Mardi 23 avril

Troisième courriel :

> Je vous attends à Paris. Je serai à l'hôtel Le Dauphin, dans le quartier de la Défense[37]. Essayez d'être là vers 14 h.
> Cette performance sera la dernière de cette tournée en France. Elle aura lieu cet après-midi. Je vous invite à déjeuner à l'hôtel pour fêter ça !

Nous allons immédiatement à la gare pour prendre le TGV. En chemin, j'ai l'impression que quelqu'un nous suit et j'appelle immédiatement Pol Klein, je lui explique où nous sommes et où nous allons. Il me dit qu'il s'occupe de mon problème. Je lui fais confiance.

36 En réalité, il y a différents accents belges : il y a trois communautés, les Wallons (francophones), les Flamands (néerlandophones) et les Bruxellois (majoritairement francophones mais parfois influencés par le néerlandais dans leur manière de parler). Il y a même une petite communauté germanophone.

37 Quartier de Paris où se concentrent beaucoup de sociétés de services, c'est un quartier d'affaires qui s'est développé dans les années quatre-vingt. La Grande Arche de la Défense est un gigantesque arc de triomphe de 111 mètres de hauteur.

Nous arrivons à Paris à midi, nous prenons un taxi et nous arrivons devant l'hôtel Le Dauphin à midi et demie.

— Bonjour mes amis ! Vous arrivez juste à temps pour l'apéro[38].

— Bonjour monsieur Desrolles, dit Nina.

— Je vous ai déjà dit de m'appeler Dan et de me tutoyer. Qu'est-ce que vous voulez boire ? Vous m'excusez mais moi je ne peux pas boire d'alcool. Dans quelques heures, je monterai en haut de l'Arche de la Défense et je sauterai dans le vide.

— Il n'y a pas de gardiens qui surveillent là-haut ? demande Jacky.

— Les gardiens n'auront pas le temps de réagir, ils ne pourront pas voir que je porte un sac spécial. Regardez-le : personne ne peut imaginer que ça contient un parachute, parce que c'est un parachute de *base jump*.

— Ce n'est pas le même matériel que pour le parachutisme classique ?

— Non, c'est très facile à dissimuler sous un vêtement. Regardez, c'est très pratique.

— Quelle est la différence avec un parachute normal ?

— Le parachute de base jump est plus facile à plier, et aussi plus petit.

Finalement, ce Desrolles n'est pas si désagréable ! Je trouve que c'est sympa[39] de nous inviter à déjeuner. L'ambiance est agréable, Dan Desrolles est beaucoup moins agressif que ces dernières semaines. Il nous raconte quelques expériences intéressantes. Mais à la fin du repas, un incident change son humeur. Au moment où il se lève, Dan ne trouve pas son sac de *base jump* et il se fâche. C'est Nina qui voit le sac sur une table voisine. Il est probablement tombé et quelqu'un l'a posé dessus. C'est clair : Dan est très nerveux ! Et c'est contagieux.

38 Familier : prendre l'apéritif, c'est prendre un verre entre amis ou en famille avant de se mettre à table.

39 Familier : sympathique.

Nous marchons jusqu'à la Grande Arche. Marcher, c'est idéal pour se relaxer.

16

Paris, Tour de la Défense

Dan organise les opérations :

— Toi, Nina, tu prends l'ascenseur avec moi.

— Et nous, qu'est-ce qu'on fait pendant ce temps-là ? demande Jacky.

— Alex et toi, vous restez en bas à la réception pour garantir que je ne tombe pas sur quelqu'un. Jacky peut prendre des photos intéressantes avec l'Arche en perspective.

— Ton portable est branché, Alex ? demande Nina.

— Bien sûr, nous restons en contact.

— Et moi, je prends quelques photos de là-haut ? dit encore Nina.

— Oui, répond Dan, et tu expliques aux gardiens que je suis un acrobate expérimenté et que je veux battre un record de saut en parachute, c'est tout.

Nina et Dan nous quittent pour prendre l'ascenseur. Dans deux minutes, notre acrobate va sauter. On est en contact permanent grâce à nos téléphones portables. À ce moment précis je reçois un texto[40] de Pol Klein :

« Attention, annuler performance, danger parachute »

Dans une minute, Dan se jettera dans le vide. Qu'est-ce que je dois faire ?

40 Message SMS.

On entend un bruit de freins, les voitures de la presse s'arrêtent à mes côtés, il y a des journalistes de la télévision qui dirigent immédiatement leurs caméras vers le ciel. Évidemment, pour tout le monde, un *base jump* à la Tour de la Défense, c'est un événement majeur !

Je fais un effort énorme pour me concentrer et j'ai soudain la conviction qu'il faut arrêter Desrolles, l'empêcher de sauter. Je crie à Nina au téléphone :

— Nina, on arrête tout, interdiction absolue de sauter.

— Quoi, qu'est-ce que tu dis ?

— Empêche-le à tout prix de sauter.

— ... Impossible ! il refuse, il dit que t'es fou.

— Nina, fais-moi confiance, utilise la force si nécessaire, il faut l'immobiliser.

— J'espère que tu sais ce que tu fais.

La communication est coupée. Je cours vers l'ascenseur. La montée me semble interminable. Quand j'arrive au sommet, je vois Dan Desrolles qui est immobilisé par Nina. Il est peut-être acrobate mais, elle, elle pratique les arts martiaux. Autour d'eux, il y a des gardiens très nerveux et menaçants. Dan est furieux, il a manqué son exploit de *base jump* à cause de Nina et moi.

— Pourquoi vous avez fait ça ? Vous n'imaginez pas les conséquences financières.

— Dan, veux-tu, avant tout, vérifier ton parachute ? Ouvre ton sac.

Il ouvre son sac et son regard se transforme.

— C'est pas possible, ce parachute ne peut pas s'ouvrir, les cordes sont mal fixées, la voile est mal pliée : quelqu'un a tenté de saboter ma tentative !

— Ça signifie que tu as de la chance d'être vivant et que c'est grâce à Alex, dit Nina.

Mais Dan est trop choqué pour penser à me remercier. Je décide pourtant de faire pression sur lui pour obtenir des explications.

— Qui veut te tuer ? Tu ne veux pas nous parler d'ADN, ce site web qui organise ta vie et peut-être aussi ta mort ?

— Ah ! Vous savez ?

— Oui, je crois que tu as été manipulé par une bande de criminels, les Maîtres de l'Adrénaline.

— Non, ce n'est pas ça, mais je ne peux pas parler.

— Très bien, de toutes façons nous allons savoir la vérité, je dois téléphoner à celui qui t'a sauvé la vie.

17

— Allô, Pol ?

— Oui, Alex, c'est moi. Alors, qu'est-ce qui s'est passé, finalement ?

— Tout va bien, grâce à toi. Comment est-ce que tu as compris que le sac de Desrolles avait été saboté.

— Attends, je sais maintenant qui te suit et je sais aussi pourquoi on veut tuer Dan.

— Je crois que je le sais aussi : c'est ADN n'est-ce pas, pour s'approprier l'argent des joueurs ?

— Non. Desrolles a d'autres secrets.

— D'autres ?

— Oui, il a un passé judiciaire au Québec. Il a participé à une série de vols avec une bande de cambrioleurs bien organisée. À dix-sept ans, il a aidé des voleurs à pénétrer dans des immeubles.

Il a mis ses talents d'acrobate à leur service. Quand la police canadienne l'a arrêté, il a dénoncé les membres de la bande, et les bandits ont été condamnés à plusieurs années de prison.

— Et lui ?

— Lui, il n'a pas été condamné en raison de son jeune âge et de sa collaboration avec la police. Mais les bandits ont voulu se venger et aujourd'hui, ils ont presque réussi.

— Et pourquoi ils m'ont suivi, moi ?

— Desrolles a compris le danger, il ne sortait pas, ne se montrait pas avant le moment de réaliser sa performance. Les bandits ont observé que vous étiez les premiers informés et ils vous ont suivis en espérant trouver les circonstances favorables pour se venger.

— Comment est-ce qu'ils ont su qu'aujourd'hui Dan allait faire un *base jump* ?

— Grâce à la page web des Maîtres de l'adrénaline. Sur cette page, on peut voir le programme des performances. Mais ce qu'ils voulaient, c'était trouver Dan Desrolles avant son exploit. À l'hôtel, ils ont profité de quelques secondes d'inattention pour saboter rapidement son sac.

— Comment est-ce que tu as découvert tout cela si vite ?

— C'est mon boulot[41] ! Quand tu m'as téléphoné, j'ai chargé quelqu'un de discret de vous suivre. Il a déjeuné en même temps que vous à l'hôtel Le Dauphin et il a observé la manœuvre du bandit. Il m'a téléphoné et je t'ai appelé immédiatement après. Juste à temps ! Nous avons eu de la chance.

J'ai contacté mes collègues français. En ce moment, ils doivent être en train d'interroger l'homme qui a saboté le parachute de Desrolles. Allez à l'hôtel, je suis sûr que vous aurez un sujet de reportage qui fera plaisir à votre patron !

— Merci Pol, tu es absolument fantastique !

41 Familier : travail.

Après la lecture

Chapitres 1 et 2

1. Reconstituez les deux destinations de voyage.

En Laponie	À Collioure
Il y a	Il y a
On peut	On peut

le calme · la mer · les restaurants · le soleil · le silence · l'espace · le bruit de la mer · la lumière · la neige

sortir le soir · faire du traîneau · manger des fruits de mer · être loin du bruit · bronzer · boire du vin · faire du sauna · respirer l'air pur

2. Portrait d'Alex Leroc.

Qu'est-ce qui le caractérise ? Écrivez tout ce qui illustre votre opinion, donnez des exemples.

3. Vrai ou faux ?

	vrai	faux
• Jacky a une vieille voiture.		
• Alex paie le prix d'une chambre à l'hôtel Hilton de Bruxelles.		
• Alex et Jacky connaissent Catherine Pujol.		
• Ils ne reçoivent pas d'amendes parce qu'ils sont journalistes.		
• Ils arrivent à temps pour photographier l'acrobate.		
• Ils prennent des risques pour photographier l'acrobate.		

Chapitres 3 et 4

1. Reliez les disciplines sportives à leur définition.

Décoller avec un parachute de forme rectangulaire, en général à partir d'une montagne.	VTT
Grimper jusqu'au sommet d'une montagne, d'un mur, d'un gratte-ciel.	Parapente
Sauter d'un avion et ouvrir son parachute automatiquement ou manuellement.	Plongée sous-marine
Descendre sous l'eau et respirer grâce à une bouteille.	Escalade
Sauter d'une montagne, d'un pont ou d'un bâtiment et ouvrir manuellement son parachute.	Monoski
Glisser sur les pentes des montagnes couvertes de neige, en équilibre sur une planche.	Parachutisme
Monter et descendre des pentes difficiles à vélo.	*Base jump*

2. À qui correspond chaque petite description : Nina (N), Jacky (J) ou Alex (A).

◯ N'aime pas les sportifs exhibitionnistes.

◯ Croit que les sports extrêmes sont des sports solitaires.

◯ S'intéresse aux sports extrêmes.

◯ Pense que les acrobates comme Dan n'aiment pas la vie.

3. Quelles sont les deux conditions que Dan impose aux journalistes pour avoir l'exclusivité des reportages ?

- Ils doivent ....
- Ils doivent ....

Chapitres 5 et 6

Vrai ou faux ?

	vrai	faux
• La réceptionniste de l'hôtel Edelweiss est complice de DD.		
• Les trois journalistes de *L'Avis* ont eu peur de se tromper d'hôtel.		
• DD ne fait pas confiance aux journalistes en général.		
• Alex et ses collègues ne sont pas arrivés jusqu'à Val d'Isère en train.		
• Dan est courageux : il n'a peur de rien ni de personne.		

Chapitre 7

1. Notez tout ce que vous savez sur DD : physique, caractère, état d'esprit. Vous pouvez aussi retrouver des éléments d'information dans les chapitres précédents.

Dan Desrolles

Chapitre 8

• Pourquoi est-ce que Nina et Alex vont d'un côté et Jacky de l'autre ?

___

___

• Qu'est-ce qui préoccupe Nina juste avant le départ ?

___

___

• Quelle est la priorité pour DD au moment du départ ?

___

___

Chapitre 9

	C'est vrai	C'est faux	C'est possible
• Nina se sent moins belge qu'Alex.			
• Nina s'ennuie. Le reportage ne l'intéresse pas.			
• Alex connaît toutes les bières belges.			
• Nina est amoureuse d'Alex.			
• Alex est amoureux de Nina.			
• Ils sont observés.			
• Alex est fou.			

Chapitre 10

De qui ou de quoi s'agit-il ?

- Elle ne fonctionne pas : c'est la ....
- C'est un jeu pour les menteurs : c'est le ....
- C'est un policier (familier) : c'est un ....
- Il doit avoir un bon équilibre, c'est un ....
- Ils ont le même travail, ce sont des ....

Chapitre 11

Écrivez en quelques phrases une petite publicité pour le site ADN, les maîtres de l'adrénaline. Vous pouvez utiliser les verbes proposés et vous pouvez naturellement en trouver d'autres.

ADN : LES MAÎTRES DE L'ADRÉNALINE

Un nouveau site web passionnant !

- Jouez ....
....
- Observez ....
....
- Vivez ....
....
- Participez ....
....

www.superadn.com

Selon vous, les ennemis de DD sont-ils les maîtres de l'Adrénaline ? Expliquez pourquoi en quelques lignes. Avez-vous une autre hypothèse ?

Chapitres 12 et 13

Aidez Alex Leroc à réaliser son article dans *L'Avis*. Quelles sont les cinq questions que vous voudriez poser à DD après sa performance en ballon ?

1. .... ?

2. .... ?

3. .... ?

4. .... ?

5. .... ?

Chapitre 14

	C'est vrai	C'est faux	C'est possible
• Alex est suivi dans ses déplacements.			
• Alex est une personne inquiète.			
• Pol Klein peut aider Alex.			
• Pol Klein reçoit des informations de son frère qui vit au Québec.			
• Alex a un accent belge.			
• Pol Klein pense que tout le monde a un accent.			

Chapitre 15

Reliez les éléments de gauche avec les éléments correspondants de droite.

○ DD attend les journalistes	○ ce qu'ils veulent boire.
○ DD demande aux journalistes	○ à l'hôtel Le Dauphin.
○ Ils se déplacent tous ensemble	○ le parachute dissimulé.
○ Les gardiens ne pourront pas voir	○ à la Grande Arche.

Chapitre 16

Dan distribue les rôles avant la performance. Si tout va bien, qu'est-ce que chacun doit faire ?

Alex

Nina

Jacky

Conclusion

Complétez cet article de presse. Utilisez les 10 mots proposés.

jouer • dangers • provoquer • saboter • reportage • matériel • se venger • participe • risques • vivant

UN CRIME PRESQUE PARFAIT À LA GRANDE ARCHE

Les acrobates prennent des .... c'est normal : c'est leur métier. Mais Dan Desrolles, le célèbre cascadeur canadien exagère. Il accepte de .... sa vie pour le plaisir de quelques riches internautes. Il reçoit beaucoup d'argent, naturellement, mais il doit accepter de réaliser les performances que ces internautes sans scrupules choisissent pour lui, dans un menu « en ligne ». C'est une sorte de gladiateur sur Internet ! Le risque est énorme parce qu'il n'a pas le temps de se préparer correctement. Mais pour Dan Desrolles, le plus grand des .... vient du passé, de son passé. Et aujourd'hui, c'est un miracle s'il est encore .... !

Mais qui est vraiment Dan Desrolles ?

Il est canadien, du Québec. Il est jeune, il a seulement vingt-cinq ans mais il a déjà une vie bien remplie derrière lui. Trop remplie ? Avec des erreurs de jeunesse... À dix-sept ans, il .... à une série de vols dans des immeubles et des maisons. En fait, une bande de dangereux délinquants utilise ses talents d'acrobate pour entrer habilement dans les maisons.

Quand la police arrête la bande, Dan est trop jeune pour accomplir les mêmes peines de prison que les autres. Il est libéré par le juge, peut-être aussi parce qu'il collabore avec la justice pour arrêter tous les bandits ?

Le retour du passé !

Les bandits ne lui pardonnent pas toutes ces années de prison et veulent .... Grâce au site internet ADN, les maîtres de l'adrénaline, les bandits comprennent qu'ils peuvent .... la mort de l'acrobate. Il suffit pour eux d'attendre une bonne occasion de .... une des performances. Desrolles comprend le danger, il ne sort pas, ne se montre pas avant le moment de réaliser chaque performance. Les bandits attendent l'occasion idéale. L'occasion se présente à l'hôtel où nous, journalistes de *L'Avis*, sommes en compagnie de Desrolles, pour préparer un .... sur son *base jump* de la Défense. Les bandits profitent de quelques secondes d'inattention pour saboter rapidement son .... : les cordes, la voile. A la dernière seconde, une journaliste de *L'Avis*, qui pratique le *kick boxing*, interrompt la tentative de Desrolles et lui sauve la vie. Les bandits sont actuellement interrogés par la police.

Solutions

Les solutions suivies du signe 💡 sont données à titre indicatif.

Chapitres 1 et 2

1. Reconstituez les deux destinations de voyage.

En Laponie	À Collioure
Il y a · **le silence** · **le calme** · **l'espace** · **la neige** · **la lumière**	Il y a · **la mer** · **les restaurants** · **le soleil** · **le bruit de la mer**
On peut · **faire du traîneau** · **être loin du bruit** · **faire du sauna** · **respirer l'air pur**	On peut · **sortir le soir** · **manger des fruits de mer** · **bronzer** · **boire du vin**

2. Portrait d'Alex Leroc. 💡

Qu'est-ce qui le caractérise ? Écrivez tout ce qui illustre votre opinion, donnez des exemples.

Il est journaliste, il travaille pour un magazine à Bruxelles. Il a besoin de vacances. Il n'est pas exigeant, il aime le soleil, la mer. Il ne connaît pas une personnalité célèbre des sports extrêmes. Il a le sens de l'humour : il est amusant, drôle. Il est ironique avec Jacky. Il a des « contacts » utiles.

3. Vrai ou faux ?

	vrai	faux
• Jacky a une vieille voiture.	X	
• Alex paie le prix d'une chambre à l'hôtel Hilton de Bruxelles.	X	
• Alex et Jacky connaissent Catherine Pujol.		X
• Ils ne reçoivent pas d'amendes parce qu'ils sont journalistes.	X	
• Ils arrivent à temps pour photographier l'acrobate.	X	
• Ils prennent des risques pour photographier l'acrobate.		X

Chapitres 3 et 4

1. Reliez les disciplines sportives et leur définition.

Décoller avec un parachute de forme rectangulaire, en général à partir d'une montagne.	Parapente
Grimper jusqu'au sommet d'une montagne, d'un mur, d'un gratte-ciel.	Escalade
Sauter d'un avion et ouvrir son parachute automatiquement ou manuellement.	Parachutisme
Descendre sous l'eau et respirer grâce à une bouteille.	Plongée sous-marine
Sauter d'une montagne, d'un pont ou d'un gratte-ciel et ouvrir manuellement son parachute.	*Base jump*
Glisser sur les pentes des montagnes couvertes de neige, en équilibre sur une planche.	Monoski
Monter et descendre des pentes difficiles à vélo.	VTT

2. À qui correspond chaque petite description : Nina (N), Jacky (J) ou Alex (A).

(A) N'aime pas les sportifs exhibitionnistes.

(A) Croit que les sports extrêmes sont des sports solitaires.

(J) S'intéresse aux sports extrêmes.

(N) Pense que les acrobates comme Dan n'aiment pas la vie.

3. Quelles sont les deux conditions que Dan impose aux journalistes pour avoir l'exclusivité des reportages ?

- Ils doivent être prêts à partir immédiatement si nécessaire.
- Ils doivent garder le secret.

Chapitres 5 et 6

Vrai ou faux ?

	vrai	faux
• La réceptionniste de l'hôtel Edelweiss est complice de DD.		X
• Les trois journalistes de *L'Avis* ont eu peur de se tromper d'hôtel.	X	
• DD ne fait pas confiance aux journalistes en général.	X	
• Alex et ses collègues ne sont pas arrivés jusqu'à Val d'Isère en train.	X	
• DD est courageux : il n'a peur de rien ni de personne.		X

Chapitre 7

1. Notez tout ce que vous savez sur DD : physique, caractère, état d'esprit. Vous pouvez aussi retrouver des éléments d'information dans les chapitres précédents.

DD est un Canadien, du Québec ; il est jeune, il a 25 ans. Il n'est pas très sympathique, il est un peu prétentieux. Il est mystérieux, il a des secrets. Le sport ne l'intéresse pas parce qu'il n'aime pas être dirigé, il n'aime pas les règles. Il aime seulement le plaisir. Pour lui, le danger est un plaisir, il a besoin de sensations fortes, Il a besoin de prendre des risques, de mettre sa vie en danger.
Il est peut-être fou mais il offre des sensations fortes au public.
Il est capable de réaliser des exploits dans des domaines très différents.

Chapitre 8

- Pourquoi est-ce que Nina et Alex vont d'un côté et Jacky de l'autre ?

  Jacky est avec DD, en haut, pour photographier le départ, Nina et Alex sont en bas, à l'arrivée.

- Qu'est-ce qui préoccupe Nina juste avant le départ ?

  Elle est préoccupée parce que deux silhouettes les observent. Il y a deux hommes dissimulés dans un bois.

- Quelle est la priorité pour DD au moment du départ ?

  Ne pas laisser de temps aux autorités ou à la presse. Il veut absolument éviter que quelqu'un l'empêche de descendre.

Chapitre 9

	C'est vrai	C'est faux	C'est possible
• Nina se sent moins belge qu'Alex.	X		
• Nina s'ennuie. Le reportage ne l'intéresse pas.		X	
• Alex connaît toutes les bières belges.		X	
• Nina est amoureuse d'Alex.			X
• Alex est amoureux de Nina.			X
• Ils sont observés.			X
• Alex est fou.			X

Chapitre 10

De qui ou de quoi s'agit-il ?

- Elle ne fonctionne pas : c'est la **machine à café.**
- C'est un jeu pour les menteurs : c'est le **poker.**
- C'est un policier (familier) : c'est un **flic.**
- Il doit avoir un bon équilibre, c'est un **acrobate.**
- Ils ont le même travail, ce sont des **collègues.**

Chapitre 11

Écrivez en quelques phrases une petite publicité pour le site ADN, les maîtres de l'adrénaline. Vous pouvez utiliser les verbes proposés et vous pouvez naturellement en trouver d'autres.

ADN : LES MAÎTRES DE L'ADRÉNALINE

Un nouveau site web passionnant !

- **Jouez avec la vie des autres !**
- **Observez comment des grands champions jouent leur vie pour vous.**
- **Vivez les mêmes sensations que des acrobates mais ne prenez pas les mêmes risques.**
- **Participez à notre forum et décidez quelles performances les acrobates doivent réaliser. C'est un jeu extraordinaire... Et vous pouvez gagner beaucoup d'argent !**

www.superadn.com

Selon vous, les ennemis de DD sont-ils les maîtres de l'Adrénaline ? Expliquez pourquoi en quelques lignes. Avez-vous une autre hypothèse ?

Non, c'est trop facile ! Moi je pense que ce sont des journalistes qui veulent provoquer un drame pour augmenter le nombre de leurs lecteurs.

Chapitres 12 et 13

Aidez Alex Leroc à réaliser son article dans *L'Avis*. Quelles sont les cinq questions que vous voudriez poser à DD après sa performance en ballon ? 💡

1. Est-ce que vous aimez le silence à cette hauteur ?
2. Si votre téléphone portable sonne, est-ce que vous répondez ?
3. À quoi pensez-vous quand vous marchez sur un rail à 5000 mètres de hauteur ?
4. Est-ce que vous allez recommencer ?
5. Est-ce que vous décidez vous-même les performances que vous voulez faire ?

Chapitre 14

	C'est vrai	C'est faux	C'est possible
• Alex est suivi dans ses déplacements.			X
• Alex est une personne inquiète.			X
• Pol Klein peut aider Alex.	X		
• Pol Klein reçoit des informations de son frère qui vit au Québec.		X	
• Alex a un accent belge.		X	
• Pol Klein pense que tout le monde a un accent.	X		

Chapitre 15

Reliez les éléments de gauche avec les éléments correspondants de droite.

(A) DD attend les journalistes	(A) à l'hôtel Le Dauphin.
(B) DD demande aux journalistes	(B) ce qu'ils veulent boire.
(C) Les journalistes se déplacent ensemble	(C) à la Grande Arche.
(D) Les gardiens ne pourront pas voir	(D) le parachute dissimulé.

Chapitre 16

Dan distribue les rôles avant la performance. Si tout va bien, qu'est-ce que chacun doit faire ?

Alex doit rester en bas pour accueillir DD et pour garantir qu'il ne tombe pas sur quelqu'un.

Nina doit prendre l'ascenseur avec DD, prendre quelques photos de là-haut, expliquer aux gardiens que DD est un acrobate expérimenté et qu'il veut battre un record de saut en parachute.

Jacky doit rester en bas pour accueillir DD et pour prendre des photos en bas

Conclusion

Complétez cet article de presse. Utilisez les 10 mots proposés.

UN CRIME PRESQUE PARFAIT À LA GRANDE ARCHE

Les acrobates prennent des **risques** c'est normal : c'est leur métier. Mais Dan Desrolles, le célèbre cascadeur canadien exagère. Il accepte de **jouer** sa vie pour le plaisir de quelques riches internautes. Il reçoit beaucoup d'argent, naturellement, mais il doit accepter de réaliser les performances que ces internautes sans scrupules choisissent pour lui, dans un menu « en ligne ». C'est une sorte de gladiateur sur Internet ! Le risque est énorme parce qu'il n'a pas le temps de se préparer correctement. Mais pour Dan Desrolles, le plus grand des **dangers** vient du passé, de son passé. Et aujourd'hui, c'est un miracle s'il est encore **vivant** !

Mais qui est vraiment Dan Desrolles ?
Il est canadien, du Québec. Il est jeune, il a seulement vingt-cinq ans mais il a déjà une vie bien remplie derrière lui. Trop remplie ? Avec des erreurs de jeunesse... À dix sept ans, il **participe** à une série de vols dans des immeubles et des maisons. En fait, une bande de dangereux délinquants utilise ses talents d'acrobate pour entrer habilement dans les maisons. Quand la police arrête la bande, Dan est trop jeune pour accomplir les mêmes peines de prison que les autres. Il est libéré par le juge, peut-être aussi parce qu'il collabore avec la justice pour arrêter tous les bandits ?

Le retour du passé !
Les bandits ne lui pardonnent pas toutes ces années de prison et veulent **se venger.** Grâce au site internet ADN, les maîtres de l'adrénaline, les bandits comprennent qu'ils peuvent **provoquer** la mort de l'acrobate. Il suffit pour eux d'attendre une bonne occasion de **saboter** une des performances. Desrolles comprend le danger, il ne sort pas, ne se montre pas avant le

moment de réaliser chaque performance. Les bandits attendent l'occasion idéale. L'occasion se présente à l'hôtel où nous, journalistes de *L'Avis*, sommes en compagnie de Desrolles, pour préparer un **reportage** sur son *base jump* de la Défense. Les bandits profitent de quelques secondes d'inattention pour saboter rapidement son **matériel** : les cordes, la voile. À la dernière seconde, une journaliste de *L'Avis*, qui pratique le *kick boxing*, interrompt la tentative de Desrolles et lui sauve la vie. Les bandits sont actuellement interrogés par la police.